IL ÉTOIT TEMS,

PARODIE
DE L'ACTE
D'IXION
DANS LE BALLET
DES ÉLEMENS.

Représentée pour la premiere fois sur le Théâtre de la Foire S. Laurent, le 28 Juin 1754.

Par Mr. VADÉ.

Le prix est de 24 s. avec la Musique.

A PARIS,
Chez DUCHESNE, Libraire, rue Saint Jacques, au-dessous de la Fontaine Saint Benoît, au Temple du Goût.

M. DCC. LIV.

Avec Approbation & Privilège du Roi.

ACTEURS.

Me DE FIERVILLE,	*Mlle Villiers.*
Mr DE FIERVILLE,	*Mr de la Ruette.*
L'ECUYER,	*M. Deſchamps.*
FRISON, Valet de Chambre de la maiſon,	*Mr. Delille.*
UN POETE.	*Mr. d'Hautmer.*
UN MUSICIEN.	
DANSEURS ET DANSEUSES.	

La Scene eſt dans l'appartement de Madame de Fierville.

IL ÉTOIT TEMS, PARODIE.

SCENE PREMIERE.

L'ECUYER *seul.*

AIR. *Ah! le bel oiseau, maman.*

'EST ici l'appartement
De cette belle orgueilleuse;
Mon cœur brule en ce moment
D'une flâme ambitieuse;
Amour, daignez m'appuyer,
L'entreprise est périlleuse;
Amour daignez appuyer
Les vœux d'un tendre écuyer.

AIR. *De tous les Capucins du monde*

Je dois à Monsieur de Fierville
L'agréable ainsi que l'utile.

Et sur mon cœur trop délicat
Ses bienfaits ont tant de puissance,
Que j'aime crainte d'être ingrat
Sa femme par reconnoissance.

SCENE II.

L'ECUYER, FRISON.

FRISON.

AIR. *Un mouvement de curiosité.*

EST-CE froideur, ou bien est-ce mistere
Qui vous engage à ne point m'employer !
Quoi donc, Monsieur, connoissant mon ministere
Resterez-vous sans vouloir en essayer.

L'ECUYER.

La gloire seule est faite pour me plaire.

FRISON.

Mais le plaisir est fait pour l'égayer.

AIR. *Chacun à son tour.*

Souvent un doux penchant surpasse
L'honneur dont un cœur est frappé.

L'ECUYER.

Mon cher, de l'éclat de ma place
Je suis seulement occupé.

FRISON.

D'un côté votre gloire est complette,
De l'autre songez à l'amour,
Chacun a son tour,
Liron lirette,
Chacun a son tour.

L'ECUYER.

AIR. *Mais comment, ses yeux sont humides.*

Voyons; quel choix pourois-je faire?

FRISON.

Dans ce canton, j'ai votre affaire,
Je connois un vieux Procureur
Dont la femme jeune & volage
Pourroit mériter votre hommage,
Elle est d'une facile humeur.

L'ECUYER.

Mais tu me fais bien de l'honneur,
Et pour ma dignité nouvelle
Ce seroit un beau parallele!
Quand cent repas me sont offerts
J'irois manger le pain des Clercs! ...
D'autres mets mon ame est friande.

FRISON.

Eh bien, cette grosse Marchande
Qui traite si bien un galant.

L'ECUYER.

Oh je n'ai pas besoin d'argent.

AIR. *Vous boudez*, ou *Menuet d'Exaudet.*

Si jamais
Je promets
D'être tendre,
Ce n'est pas dans le bourgeois
Que tombera mon choix,
Je sçais où je dois tendre.
Un grand cœur
Vers l'honneur
Peut s'étendre;
Le haut rang flatte mes vœux;
C'est enfin ou je veux
Prétendre.
L'amour est doux quand la gloire
Assaisonne la victoire,
Un coup d'œil
Plein d'orgueil
Nous étonne;
Mais il cede aux droits heureux
Qu'un transport amoureux
Nous donne.
Profitant
De l'instant

Du désordre,
Contre la vivacité
Sa mourante fierté
Ne peut plus donner d'ordre.
Son refus
Ne tient plus
A l'audace,
C'est à force d'irriter
Que l'on peut mériter
Sa grace.

FRISON.

AIR. *Sçavez-vous bien, jeune tendron?*

Votre cœur devroit attaquer
Celui de Madame Fierville;
Puisque vous aimez à risquer,
En fierté seule elle en vaut mille.

L'ECUYER.

Non mon zele....

FRISON.

Vous en tenez.

L'ECUYER.

Mais mon respect....

FRISON.

Vous badinez,

Vous badinez,
Vous badinez,
Je vois bien que vous en tenez.

AIR. *Vous m'entendez bien.*

Tous les ſoins que vous lui rendez
Sans couroux ſont-ils regardés ?
Votre reſpect pour elle,

L'ECUYER.

Hé bien ?

FRISON.

Conduit-il votre zele....
Vous m'entendez bien.

L'ECUYER.

AIR. *De Catinat.*

Rien ne m'arrête ici...

FRISON.

Pourquoi balancez-vous
A venir imiter mon Maître ſon époux;
La gloire l'ennuyoit, mais grace à mon talent
Il ſe diſſipe un peu; venez en faire autant.

AIR. *Haye, haye, haye.*

Vous ne ſuivez point mes pas,

à part.

Ah je commence à connoître
Qu'il rencontre des appas
Dans le dégoût de mon Maître.
Haye, haye, haye.

L'ECUYER.

AIR. *Du Prévôt des Marchands.*

Un mal de tête en ce moment
S'oppose à cet amusement;
Tu peux préparer la conquête.

FRISON.

Le mal ne sera point mortel;
Vous ne feignez un mal de tête
Que pour en donner un réel.

AIR. *Sur le Pont d'Avignon.*

Il me cache un secret que je rendrai nuisible.

Il sort.

L'ECUYER.

M'auroit-il deviné? Cela n'est pas possible.

Il sort de l'autre côté.

SCENE III.

Me DE FIERVILLE, UN POETE, UN MUSICIEN.

ON DANSE.

LE POETE.

Air. *Ma commère quand je danse.*

Monsieur a fait la musique,
Les paroles sont de moi.

Me DE FIERVILLE.

Quel est celui qui se pique
D'avoir mieux fait son emploi ?

LE MUSICIEN.

Ah, c'est Monsieur.

LE POETE.

Non, c'est Monsieur.

TOUS DEUX.

Ah, c'est Monsieur,
Non, c'est Monsieur,
C'est vous, Monsieur.

Me DE FIERVILLE.

Ah, la dispute est unique,
Vous me donnez de l'humeur.

LE MUSICIEN.

AIR. *Nous sommes Précepteurs d'amour.*

Pour qu'il vous paroisse plus beau
Je l'ai fait à double partie.

LE POETE.

Vous allez entendre un morceau
Digne de votre modestie.

ARIETTE ridicule en Duo & chantée dans le même genre.

Ainsi que l'éclair
Brille dans l'air,
Votre richesse
Brille sans cesse;
Jamais Déesse
N'eut tant de fierté,
Tant de majesté.
Votre richesse
Brille sans cesse
Ainsi que l'éclair
Brille dans l'air,
Ainsi que l'éclair
Brille dans l'air.

Me DE FIERVILLE.

AIR. *Eh non, non, non, je n'en veux pas d'avantage.*

Vous étalez ma puiſſance
Sans parler de mes attraits,
Et vous gardez le ſilence
Sur mes généreux bienfaits.

LE POETE.

Faut-il par un fade hommage
Vous encenſer comme Junon.

Me DE FIERVILLE.

Hé non, non, non,
Je n'en veux pas davantage.

ON DANSE.

AIR. *On n'aime point dans nos forêts.*

Ceci me dédommage peu
Du froid de Monſieur de Fierville,
aux Danſeurs.
Ce n'eſt ni le tems, ni le lieu
De danſer. Laiſſez-moi tranquille.
Allez. On vous rapellera
Quand mon chagrin s'appaiſera.
Ils ſortent.

SCENE IV.

Me DE FIERVILLE, L'ECUYER.

Me DE FIERVILLE.

AIR. *De tous les Capucins du monde.*

ENFIN votre place nouvelle
Doit paroître d'autant plus belle
Que je vous fait mon confident.

L'ECUYER.

Ah quel bonheur pour moi, Madame !
Par ce trait il est évident
Que vous lisez bien dans mon ame.

Me DE FIERVILLE.

AIR. *Tu croyois en aimant Colette.*

Vous savez, malgré ma tendresse
Que toujours mon perfide époux
Pour d'autres objets s'intéresse ;
Quel tourment pour un cœur jaloux ?

L'ECUYER.

AIR. *Pour soumettre mon ame.*

Eh vous l'aimez encore !
Contre lui tout doit parler.

Quoi donc, Madame ignore
Comme on peut ſe conſoler ?
D'un mari qui ſe dérange
On ſuit le ton ſans effort.
Lorſqu'une femme ſe vange
L'époux ſeul a toujours tort.

Me DE FIERVILLE.

AIR. *Que chacun de nous ſe livre.*

Montez dans mon équipage
Mes gens partout vous ſuivront ;
Diſſipez l'affreux nuage
Qui me couvre d'un affront ;
Que votre ardeur ſe ſignale
J'attends de vous ces égards,
Et pour trouver ma rivale
Parcourez les Boulevards.

L'ECUYER.

AIR. *Noté* N°. 1.

Au milieu du Cours
Trainant après ſoi la foule,
Chaque Nimphe roule
Au gré des amours.
L'air ajoute encore
A l'éclat qui les décore,
Les diſcerne-t-on
Des femmes du grand ton ?

L'habit de leurs gens

Eſt des plus galans,
Sur leurs chevaux fringans
S'étend même leurs parures.
Elles ſont enfin
Dans leurs brillantes voitures
Comme des mignatures
Dans des boëtes de Martin.

Au milieu du Cours
Trainant après ſoi la foule,
Chaque Nimphe roule
Au gré des amours.
L'air ajoute encore
A l'éclat qui les décore,
Les diſcerne-t-on
Des femmes du grand ton?

Me DE FIERVILLE.

AIR. *Non je ne ferai pas.*

Je le ſçais; mais vos ſoins la trouveront ſans doute;
Elle payera cher les maux qu'elle me coute.

L'ECUYER.

Contredanſe des petits Balets. AIR. *Noté* N°. 2.

Hé Madame, qu'attendez-vous,
Pourquoi ménager un époux;
Eh Madame, qu'attendez-vous
Pour punir qui vous met en couroux.
Malgré que leurs maris

Soient fidelles,
Combien à Paris
Voit-on de belles
Trouver des appas
A ne l'être pas.
Et quand on vous trahit
Vous restez sans dépit!
Eh Madame, qu'attendez-vous?
Pourquoi ménager un époux,
Eh Madame, qu'attendez-vous,
Pour punir qui vous met en couroux.
La novice
Ou l'Actrice,
La coquette
La grisette
Tout lui plaît; son volage feu
En vérité vous donne beau jeu.
Eh Madame, qu'attendez-vous;
Pourquoi ménager un époux;
Eh Madame, quattendez-vous
Pour punir qui vous met en couroux.

Me DE FIERVILLE.

AIR. *Le cœur se donne troc pour troc.*

Qui peut remplacer dans mon cœur
Celui qui me fait tant d'outrage?

L'ECUYER.

Un Amant dont la vive ardeur
Vous conviendroit bien davantage.

Me DE FIERVILLE.

Me DE FIERVILLE.

AIR. *Ceci fort peu m'embarasse.*

Sans doute qu'un petit-Maître
Vous a chargé de ses vœux ?
Ah je voudrois bien connoître
Un pareil audacieux ;
Sa flamme est fort indiscrette,
Vous pouvez l'en avertir.

L'ECUYER.

Non, je ne suis l'interprête
Que de mon propre desir.

AIR. *Que je regrette mon amant.*

Qui moi, dans cette occasion
Que pour un autre je m'occupe !
Oh le rôle seroit fort bon,
Non, non, je ne suis pas si dupe ;
Loin de le servir aujourd'hui,
Je vous armerois contre lui.

Me DE FIERVILLE *ironiquement.*

AIR. *Comme vla qu'est fait.*

Ce couroux est fort estimable !

L'ECUYER.

Vous en pénétrez le sujet ?

Me DE FIERVILLE.

La découverte eſt admirable,
Cela m'amuſe tout à fait.

L'ECUYER.

Le reſpect gardoit le ſilence,
L'amour découvre le ſecret;
Oui, je cede à la violence
D'un feu dont je ſens tout l'effet.

Me DE FIERVILLE.

C'eſt fort mal fait; mais très-mal fait.

L'ECUYER.

AIR. *L'amant frivole & volage.* AIR. *Noté* N°. 3.

Un amant doit-il ſe taire
Tant que dure la rigueur?
Non, non, l'ombre du miſtere
Ne doit ſervir qu'au bonheur;
Nos cœurs peuvent ſous cette ombre
Se livrer aux doux plaiſirs;
Ils ſeront grands ſi leur nombre
Se compte par mes deſirs.

Me DE FIERVILLE.

AIR. *J'ai deux amans vous me les enlevés.*

Pour jamais, éloignez-vous de mes yeux.

L'ECUYER.

Ah! loin de vous, je perdrois la lumiere,
Je veux vous ſuivre à toute heure, en tous lieux,
Je meurs d'amour....

Me DE FIERVILLE.

Il devient furieux,
Quel téméraire!

L'ECUYER.

Vous m'êtes chere,
Et le moment eſt précieux.

Me DE FIERVILLE.

Que veut-il faire?

L'ECUYER.

Je veux .... vous plaire.

Me DE FIERVILLE.

Ah vous voulez! Le terme eſt merveilleux!
Pour jamais éloignez-vous de mes yeux.

L'ECUYER.

Plus vous craignez, Madame, & plus j'eſpere.

Me DE FIERVILLE.

A la fin je prendrai mon ſérieux.

L'ECUYER.

Moi je deviendrai plus audacieux.

AIR. *Ah je vous trouve, Chevalier, singulier.*

Que de ſes droits votre cœur uſe.

Me DE FIREVILLE.

Vous me piqués.

L'ECUYER.

Je mériterai mon excuſe.

Me DE FIERVILLE.

Vous me manquez.

L'ECUYER.

Ah Dieux que cette main eſt belle ?

Me DE FIERVILLE.

Mais voulez-vous bien la laiſſer?
Comment donc, ainſi me preſſer !
L'offenſe devient très-réelle,
Vous êtes Monſieur l'Ecuyer
Singulier;
Mais, mais, fort ſingulier.

L'ECUYER.

AIR. *Ah Madame Anroux.*

Ah ! charmant bijou
Je deviendrai fou
Si vous êtes trop ſage,
Ah ! charmant bijou

Si vous êtes trop ſage
Je deviendrai fou.

Me DE FIERVILLE.

AIR. *Le joli jeu d'amour.*

Ce ton impertinent
Eſt au plus étonnant.

L'ECUYER.

Qu'a donc de ſurprenant
Mon hommage !
Peut-on condamner
Un feu qu'on doit couronner.

Me DE FIERVILLE.

Oh je vais ſonner....

L'ECUYER.

Ce langage
Pris dans le ſentiment,
Fait valoir le moment ;
Ah ! vous avez vraiment
De l'uſage.

Me DE FIERVILLE.

AIR. *Pierre bagnolet.*

Chaque mot te rend plus coupable.

L'ECUYER.

Je voudrois l'être cent fois plus.

Près d'un objet adorable
Etre innocent, quel abus !

Me DE FIERVILLE.

Je vais crier.

L'ECUYER.

Faut-il prier.

Me DE FIERVILLE.

Vous devenez impardonnable,
Et je commence à m'effrayer.

L'ECUYER.

Air. *Courez vite, prenez le patron.*

Loin d'avoir le moindre repentir
Ce refus augmente mon desir;
Vous m'avez arraché mon secret,
Et vous le payerez s'il vous plaît
Net.

Me DE FIERVILLE.

Je n'y consens pas,
Fuyez mes pas.

L'ECUYER.

Ah vous m'aimerez,
M'aprouverez,
Le prouverez.

Me DE FIERVILLE *voulant fuir.*

Je n'y consens pas,
Fuyez mes pas.

L'ECUYER *la prenant par la main.*

Non, je vous suivrai,
Vous presserai,
Oui, j'obtiendrai.

Il tombe à ses genoux.

AIR. *Raisonnez ma musette. Passionnément.*

Par pitié pour ma peine.

Me DE FIERVILLE.

Ah, je suis hors d'haleine.

L'ECUYER.

Enfin votre rigueur....

Me DE FIERVILLE.

Arrivez donc, Monsieur.

SCENE V. & *derniere.*

Mr DE FIERVILLE, Me DE FIERVILLE, L'ECUYER.

Me DE FIERVILLE *à son mari en s'en allant.*

AIR. *Bouchez, Nayades, vos fontaines.*

IL étoit tems, je vous assure.

Mr DE FIERVILLE.

Poursuivez donc votre avanture.

L'ECUYER.

Je badinois sans aucun mal.

Mr DE FIERVILLE.

Fort bien ! J'ai peine à me contraindre.
Sortez.

L'ECUYER.

Je sors votre rival.

Mr DE FIERVILLE.

Rival connu n'est plus à craindre.

VAUDEVILLE.

MA-ris qui croyez ê- tre en garde, Mon aven-

tu- re ; vous re- garde Paſſez chez-vous tous vos in-

ſtans, Je n'ai pas l'humeur fort ja- louſe ; Mais malgré

les beaux ſentiments Et la fier- té de mon é- pouſe,

de mon é-pou- ſe, Il é-toit tems.

Après quatre mois de constance
Damon lit dans les yeux d'Hortence
L'ennui des amours trop constans.
De tous deux la froideur s'empare,
Ils rougissent de leurs sermens,
Un vain prétexte les sépare,
Il étoit tems.

Colin trouvant au bois Lisette;
Laisse-moi, lui dit la poulette,
Demain au logis je t'attends;
L'espoir le conduit chez la belle
Qui rioit avec deux galans;
Ah, ah, vous voilà donc, dit-elle;
Il étoit tems.

Un Caissier épris d'une Actrice;
Troque deux moments de caprice
Contre deux mois d'appointemens.
Pour se conserver sa tendresse
Déja trottoient montre, brillans;
Mais on mit la main sur la caisse
Il étoit tems.

Par Daphnis Colette pressée
Croit en être débarassée
Par quelques regards menaçans ;
Il baise un bras, il récidive,
Ses discours sont attendrissans,
Elle sourit.... Sa mere arrive,
Il étoit tems.

FIN.

AU milieu du cours trainant après ſoi la foule.

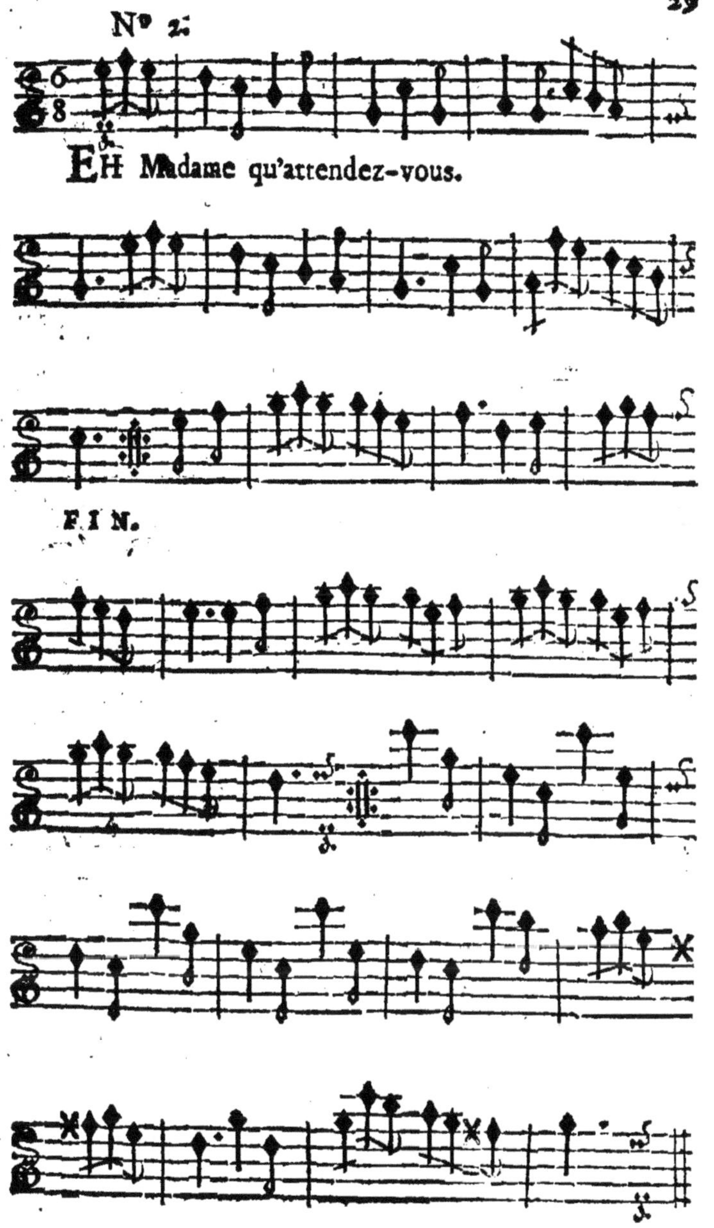
No 2.
EH Madame qu'attendez-vous.
FIN.

No 3.

UN a- mant doit- il se taire.

Le Privilege & l'Enregistrement se trouvent à la fin du Recueil des pieces du même Auteur.

NOUVELLES PIECES DE THE'ATRE détachées, depuis 1747 jusqu'à ce jour.

de M. de Boissy.
Le Retour de la Paix.
Le Prix du Silence.
La Frivolité, 1753.
Le Magnifique, *Com. avec un Divert.*
Le Miroir, *Comédie.*
Le Bacha de Smirne, C.
L'Année Merveilleuse, C.
La Mort de Bucephale.
Le Pot-de-chambre cassé, T. pour rire, & C. pour pleurer.
Benjamin, ou reconnoissance de Joseph, *Trag.*
Mahomet, *Tragédie.*
Les parfaits Amans, ou les Métamorphoses, *Com.*
Alceste, *Divertissement.*
Les Hommes, *Com.-Bal.*
Les Femmes, *Com.-Bal.*
Brioché, *Parodie.*

Suite des petites Piéces en in-12.
Les Petits-Maîtres, *Com.*
Le Provincial à Paris, C.
Les Fausses Inconstan. C.
La Feinte supposée, *Com.*
Caliste, ou la Belle Pén. T.
Mérope, T. *nouv. de M. Clément.*
Le Marchand de Londres, *Tragédie Bourgeoise.*
Le Plaisir, C. *avec un D.*
Vanda, Reine de Polo. T.
Les Souhaits, *Comédie.*
Momus Philosophe, C.
Electre d'Euripide, *Trag.*
La Partie de Campag. C.
Cénie, *Piéce dram.* 5 *Act.*
La Colonie, *Comédie.*
Le Valet Maître, *Com.*
La Gageure, *Comédie en 3 trois Actes & en Vers lib.*
Les Mariages assortis, C.
La Coquette fixée, *Com.*
Le Réveil de Thalie, C.
L'École du monde, *Com.*
Le Retour de l'Ombre de Moliére, *Comédie.*
Varon, *Tragédie.*
Abaillard & Héloïse, *Piece dramatique.*
Les Engagemens indis. C.
La Métempsicose, *Com.*
L'École des Peres, *Com.*
Callisthène, *Tragédie.*
Les Courses de Tempé, *Pastorale.*
Gustave, *Tragédie.*
La Métromanie, *Com.*
L'Héritier généreux, C.
L'Amante ingénieuse, C.
La double Extravag. *Com.*
La Fausse Prévention, C.
Les Veuves, *Comédie.*
L'Amant déguisé, *Parodie.*
Les Adieux du Goût, C.
Le Retour du Goût, C.

La Pipe cassée, Poëme, *de M. Vadé.*
Les Bouquets, *du même.*

OPERA-COMIQUES NOUVEAUX.

La Fileuse, *Parodie.*
Le Poirier.
Le Bouquet du ROI.
Le Suffisant.
Les Troqueurs & le Rien, *Parodie.*
Le Recueil de Chanson avec la Musique.
Le Trompeur Trompé.
Il étoit tems, *Parodie.*

} Par *M. Vadé.*

La Coupe Enchantée.
Les Filles.
L'École des Tuteurs.

} Par Messieurs de la Valette.

La Peruvienne.
La Magie inutile.
Le Retour favorable.
Le Miroir magique.
Le Rossignol.
Autre Rossignol.
La Rose, ou les Fêtes de l'Hymen.
Le Calendrier des Vieil.
Le Monde Renversé.
Les Boulevards.
Le Plaisir & l'Innocence.
Bertolde à la Vile.
L'heureux accord.

www.ingramcontent.com/pod-product-compliance
Ingram Content Group UK Ltd.
Pitfield, Milton Keynes, MK11 3LW, UK
UKHW020219180726
13838UKWH00005B/2077

9 782329 325637